Stadtbausteine
Elemente der Architektur

Stadtbausteine
Elemente der Architektur

Christoph Mäckler
Frank Paul Fietz
Saskia Göke

7	**Vorwort**
	Christoph Mäckler, Frank Paul Fietz, Saskia Göke
10	**Einleitung**
	Der Bauch des Architekten und das Märchen von der Unplanbarkeit unserer Städte
	Christoph Mäckler
18	**Das Straßenfenster**
40	**Das Dach**
58	**Der Hauseingang**
80	**Die Treppe**
100	**Die Fassade**
124	**Ornament und Detail**
142	**Der städtische Hof**
164	**Das Sockelgeschoss**
178	**Der Stein in der Fassade**
210	**Balkon – Erker – Loggia**
234	**Bildnachweis**
237	**Deutsches Institut für Stadtbaukunst**
238	**Publikationen des Deutschen Instituts für Stadtbaukunst**

Vorwort

Als wir uns entschlossen haben, eine Auswahl von Bildpaaren aus den Dortmunder Architekturausstellungen der vergangenen zehn Jahre zu zeigen, dann zunächst, weil uns die Bildmotive reizten. Wir Architekten haben ein Auge für schöne Bilder. Es sind Bilder, die sich an der einen oder anderen Stelle der Stadt wiederfinden, die aber niemals zu einer Einheit zusammenfinden können, weil sie von uns nur selten aus der Situation des Ortes, der Straße oder des Platzes heraus gedacht sind. Dabei können Dächer, Erker und Straßenfenster in ihrer Wiederholung zu einem Ensemble zusammenwachsen und den Charakter des städtischen Raumes prägen.

Bei den vorgestellten Bildern handelt es sich um schöne architektonische Details, die als »Stadtbausteine« in den öffentlichen Raum hinein wirken und diesen damit »vor Ort« verschönern. Die Bilder können damit auch eine Vorbildfunktion haben. Es ist das architektonische Detail, nach dem die Qualität eines Hauses bemessen wird und nicht nur die Geste oder gar nur das Konzept, mit dem ein Bauwerk zu etwas Besonderem wird.

Die Bilder erzählen aber auch eine Geschichte. Es ist die Geschichte des Vorbildes. Wir haben Architekten nach ihren Lieblingsbauteilen gefragt: das schönste Fenster, die schönste Treppe, der schönste Hauseingang und so weiter, schöne Stadtbausteine also, die als Vorbild für die eigene Arbeit stehen können. Dem gegenüberzustellen war ein Motiv aus dem eigenen architektonischen Werk. Und an dieser Stelle erfahren wir, dass zwischen dem, was wir als besonders schön empfinden, und dem, was wir als besonders schön erbauen, in dem einen oder anderen Beispiel ein großer Unterschied besteht. Die Bildpaare zeigen den Unterschied auf, ohne dass dieser interpretiert werden soll. Wichtig erscheint nur, dass es offenbar Brüche in unserer Arbeit gibt, über die es sich lohnt, nachzudenken.

Vor allem aber steht die Auswahl der Bilder und die damit verbundene Verschiedenheit der Architekturen für die grundsätzliche Haltung des *Deutschen Instituts für Stadtbaukunst*, eine Diskussion zu führen, die sich ausschließlich an Qualitäten orientiert und dabei keine architektonische Haltung ausschließt. Die Ideologie in der Architektur ist Gift für den Berufsstand des Architekten und verhindert das Lösen aktueller Missstände in unseren Städten.

Dortmund im September 2016
Christoph Mäckler
Frank Paul Fietz
Saskia Göke

1 Ausstellung
10 Jahre Dortmunder Architekturausstellung im Museum am Ostwall
im November 2015

Der Bauch des Architekten und das Märchen von der Unplanbarkeit unserer Städte

Christoph Mäckler

Der Vortag wurde am 28.10.2005 auf
den Dortmunder Architektutagen No. 7
im Museum am Ostwall gehalten.

Vor heute fast 30 Jahren, am 12. Juni 1975, eröffnete Josef Paul Kleihues die ersten Dortmunder Architekturtage. 18 Referenten beschäftigten sich drei Tage mit dem Thema *Das Prinzip Reihung in der Architektur*. In seinem Vorwort beklagt er, dass sich der Architekt in der Isolation befindet und sieht den Grund dafür unter anderem in der Konfrontation mit Soziologen und Sozialpsychologen, die (ich zitiere) »er (der Architekt) nicht versteht, weil sie so intelligent sind.« Trotzig setzt er diesen ein Jahr später im Katalog zur ersten Dortmunder Architekturausstellung ein Zitat von Theodor Adorno entgegen:

»Kein moralischer Terror hat Macht darüber, dass die Seite, welche das Kunstwerk seinem Betrachter zuwendet, diesem, und wäre es bloß durch die formale Tatsache temporärer Befreiung vom Zwang der praktischen Zwecke, auch Vergnügen bereitet.«

2 **Christoph Mäckler**

Es ist jene Zeit, in der an den Architekturabteilungen der Bundesrepublik Deutschland die theoretische Abhandlung und der sozialpolitische Diskurs die Architekturzeichnung ersetzt haben und der fortschrittliche Stadtplaner dem Beruf des Architekten, der sich in funktionalistischen Rechtfertigungen seiner leblosen Architekturgebilde ergeht, nur noch ein mitleidiges Lächeln entgegen bringt. Kleihues zitiert Adorno und setzt diesem mitleidigen Lächeln der Stadtsoziologen damit jenen Mann entgegen, dessen Institut für Sozialforschung in Frankfurt am Main der Fünfziger- und Sechzigerjahre ein Ausgangspunkt jenes sozialtheoretischen Städtebaus gewesen ist. Adornos Zitat spricht von »moralischem Terror« und dies mag die Stimmung wiedergeben, der sich die Disziplin der Architektur durch den Stadtplaner vor 30 Jahren ausgesetzt sah. Und Adornos Zitat spricht vom »Vergnügen am Kunstwerk«, das dem moralischen Terror zu widerstehen vermag. An den Anfang der ersten Dortmunder Architekturausstellung gesetzt, einer Ausstellung, die als Präsentation von architektonischen Kunstwerken verstanden werden muss, stellt das Zitat eine Rechtfertigung dar, die zu verhindern sucht, dass aus mitleidigem Lächeln schallendes Gelächter wird.

Der Umstand, in der Bundesrepublik Deutschland im Jahre 1977 Architektur als Kunst in einem Museum auszustellen, war eine Provokation. Der Holländer Aldo van Eyck, der Österreicher Hans Hollein, der Japaner Arata Isozaki, der Amerikaner Charles Moore, der Italiener Aldo Rossi, der Engländer James Stirling, die Amerikaner Venturi und Rauch, der Deutsche Oswald Mathias Ungers und Josef Paul Kleihues selbst stellen aus. Von neun sind es also sieben Architekten aus dem Ausland, und auch dieses Aufbringen internationaler Kompetenz muss als Reaktion auf die reklamierte Isolation des Architekten verstanden werden. »Nichtsahnend, zumeist humorlos, zuweilen wohl auch böse, wird Architektur in Nichtigkeit zerredet ...«, heißt es im Vorwort der ersten Dortmunder Architekturausstellung, die dieser empfundenen Isolation die Architektur als Kunstwerk entgegenstellt.

Heute, 30 Jahre später, hat die Architektur die Isolation, die jene gesellschaftspolitischen Umwälzungen der Siebzigerjahre mit sich brachte, scheinbar längst überwunden. Architektur ist wieder gesellschaftsfähig geworden und ergeht sich in rasenden Bilderwelten, mit denen sie ihre Bauherrschaft überschüttet. Und nur dort, wo eigene Fakultäten für Stadt- oder Raumplanung entstanden, wie an den Universitäten in Berlin, Dortmund oder Kaiserslautern, wird Architektur noch immer weitgehend ausgeklammert oder wird Städtebau in Zahlen und Strategien gelehrt, die sich mit soziologischen, ökologischen, ökonomischen, politischen, verkehrstechnischen oder sonstigen infrastrukturellen Fragen beschäftigen, ohne darauf aufbauend die Umsetzung dieser unstreitbar notwendigen, analytischen Grundlagen in den gebauten Raum zu betreiben. Die Erarbeitung des städtischen Raumes, in dem sich Lebensqualität über die Anmutung der Bauwerke und den zwischen ihnen entstehenden Stadtraum entwickeln kann, lässt der heutige Städtebau außer Acht. Und wenn in den Bauverwaltungen unserer Städte Planungsstrategien entwickelt werden, so muss die Frage gestellt werden, für welches übergeordnete Ziel, für welches städtische Bild, an dem sich die Bevölkerung orientieren, mit dem sie sich identifizieren könnte, werden diese Strategien angewandt?

Kann man in Deutschland eine Stadt benennen, die mit dem Konzept eines klar definierten Stadtbildes aufwartet? Kaum. Vielleicht Berlin mit seinem Planwerk, aber Hamburg? Frankfurt am Main? München? Und jene unzählbaren Mittel- und Kleinstädte? Nein, die Stadtplanung klammert die Architektur aus seinen Konzepten weitgehend aus. Sie ist am Ende des 20. Jahrhunderts in planungsstrategische Einzeldisziplinen zerfallen, die ohne architektonische Gestaltungsanweisungen die einstigen Qualitäten deutscher Stadtbaukunst verkümmern oder völlig verschwinden ließen. Was wir benötigen, ist ein Verbund von Stadtplanung und Architektur. Wir benötigen eine Weiterentwicklung der zweifellos notwendigen Einzeldisziplinen der Stadtplanung zum gebauten Raum, in dem sich Lebensqualität über die Anmutung der Bauwerke und den zwischen ihnen entstehenden öffentlichen Raum, den Stadtraum vermittelt. Städtischer Raum ist architektonischer Raum, Raum, der zunächst und vor allem durch die Fassaden der Bauwerke definiert wird. Erst die Materialien der Häuser, die Oberflächenbeschaffenheit ihrer Fassaden, ihre Farbe, Form und Proportion, die Qualität ihrer Fenster und Hauseingänge verleihen dem städtischen Raum seinen Charakter.

Schon die unendlichen Veröffentlichungen und Texte, die in den vergangenen 50 Jahren erschienen sind, zeigen, dass die heutige Stadtplanung den Stadtraum weitgehend ohne Materialien, Farben, Proportionen oder örtliche Fassadentypologien denkt. Alle städtebautheoretischen Exkurse der vergangenen Jahrzehnte lesen sich als hilflose Rechtfertigung für den Zustand unserer Städte und beziehen sich in den meisten Fällen inhaltlich vergleichend auf den Stadtkörper des 19. Jahrhunderts. Es sind scheinbar wissenschaftliche Visionen einer gebauten Welt, Visionen, die den chaotischen Zustand der Zersiedelung unserer Ballungsräume als gegeben akzeptieren, über die scheinbare Unplanbarkeit der Stadt sinnieren oder den katastrophalen Zustand der Ballungsräume gar verherrlichen.
Ein Platz, dessen Häuser zu unterschiedlich sind, dem es an Geschlossenheit und Klarheit sowie der richtigen Proportion fehlt, bildet keinen homogenen Raum. Ein Platz, dessen Häuser angemessen mit nur wenigen ähnlichen Materialien oder Farben ausgestattet sind, bietet dem menschlichen Auge Ruhe.

3 **Grand Place, Brüssel**

Plätze, und hier mögen Städte wie Brüssel oder Münster als Beispiel stehen, deren Häuser darüber hinaus typologisch eine Einheit bilden, sich in Farbe, Form und Gestalt ähneln und dem Auge eine Wiederholung der Reihung vermitteln, beglücken uns.
Wo aber finden wir den uns beglückenden Stadtraum im zeitgenössischen Städtebau? Bietet er uns Planungsstrategien, die derartige Qualitäten der Stadtbaukunst zum Ziel haben? Lässt sich eigentlich auch nur ein Platz in Deutschland benennen, der in den letzten 50 Jahren des vergangenen Jahrtausends entstanden ist und der auch nur annähernd die Qualität europäischer Plätze der vorhergehenden 950 Jahre hat? Nein. Der zeitgenössische Städtebau wird von vielen Disziplinen, kaum aber von einer, die uns diesem Ziel näher brächte, bestimmt. Der Stadtplaner, der diesen Städtebau bestimmt, ist einem Ernährungswissenschaftler vergleichbar, der weiß, welche Körner der Mensch zum Leben benötigt und deshalb glaubt, Brot backen zu können.

Die Unplanbarkeit unserer Städte aber ist ein Märchen, ein Märchen der Hilflosigkeit.

4 **Prinzipalmarkt, Münster**

Die Architektur aber hat ihre vor 30 Jahren beklagte Isolation scheinbar überwunden. Sie hat sie scheinbar überwunden, indem sie dem »Moralterror« jener Siebzigerjahre das Kunstwerk, das im Zitat Theodor Adornos doch »Vergnügen bereitet«, entgegen setzte. Es ist dies kein eigentliches überwinden, es ist dies ein Ausweichen auf das Feld der Kunst, ein Feld, zu dem das Soziale, Politische und Technische kaum Zugang hat.

Aus dem Bauwerk des Architekten wurde das Kunstwerk. Und auch dieses Kunstwerk ignoriert das Gesamtbild der Stadt. Das Kunstwerk ignoriert den Ort, seine Geschichte und Tradition, seine Materialien, die typologischen Bilder seiner Bauwerke, seine sozialen und funktionalen Grundlagen und Voraussetzungen. Das Kunstwerk ist sich selbst genug oder nimmt den Ort nur als Kampfplatz wahr, als Kampfplatz einer in Dogmen verharrenden Moderne, die dem Alten zu widerstehen weiß, als Arena für die Eitelkeit des Architekten, der seine Unikate selbstverliebt gegen den Rest der Welt darbietet. Die Architektur entspringt dem Bauch des Architekten, ist Kunst, und wer wollte dem Künstler sagen, was er zu tun und zu lassen hat? Die Stadtplanung aber ergeht sich in scheinwissenschaftlichen Argumenten und glaubt, den Bedürfnissen der Bevölkerung mit Analysen, Zahlentabellen und der Erstellung eines Bebauungsplanes gerecht werden zu können. Der Abstraktionsgrad beider Disziplinen, der Stadtplanung wie der Architektur, hat einen Zustand erreicht, der in der konkret erfahrbaren Umsetzung zu neuen städtischen Lebensräumen, Straßen und Plätzen kläglich versagt.

Stadtbaukunst, als Titel der Dortmunder Architekturtage, ist, so scheint es, zunächst ein altmodischer Begriff einer vergangenen Zeit. Man findet ihn aber noch zu Beginn des 20. Jahrhunderts in der Literatur zum Städtebau. Die Texte dieser Zeit waren – anders als heute – mehr praktische Anleitung, »Städte zu bauen«, denn theoretische Traktate. Sie fußten im Negativen wie im Positiven auf den Erfahrungen und der Geschichte der europäischen Stadt und ihrer Gestalt. Der Verlust der Stadtbaukunst, der auch und vor allem durch die Trennung der Disziplinen Städtebau und Architektur verursacht wurde, hat zu einer kaum zu übersehenden Hilflosigkeit bei der Gestaltung unserer Städte und Gemeinden geführt.

Die Politik in Deutschland steht vielerorts mit dem Rücken an der Wand, wenn es darum geht, Neubauvorhaben nicht auf der grünen Wiese, sondern in gewachsener Umgebung durchzusetzen. Umso glücklicher schätzt sie sich, wenn sie den Erhalt und die, wie es heißt, »liebevolle« Sanierung historischer Stadtkerne in ihr politisches Programm aufnehmen kann. Denn offenbar verspricht der historische Stadtkern mit seinen Altbauten, seinen Plätzen und Straßen, unabhängig von guter oder schlechter Qualität, dem Bürger wie selbstverständlich eine Lebensqualität. Fast, so scheint es, kann nur noch das Alte, die Identifikation mit der europäischen Stadt gewähren. Und ist es nicht erstaunlich, dass wir die Enge mittelalterlicher Häuser der Großzügigkeit einer zeitgemäßen Wohnung vorziehen, nur um in den Genuss jener Urbanität zu kommen, von der der Planer in seinen theoretischen Abhandlungen immer nur spricht, deren Realisierung er aber offenbar nicht zu gewährleisten vermag? Urbanität entsteht durch die Addition unterschiedlicher Faktoren. Zwei Faktoren fehlen dem heutigen Städtebau: Dichte und Fassade. Dichte verhindert der Gesetzgeber aus Angst vor vermeintlicher Dunkelheit, Fassade der Architekt, der sie nur als kurzlebige Kunsthaut über den Betonkern des Hauses stülpt und sie nicht als integratives Element der Stadt versteht.

Die Fassade des Hauses stellt ein Kontinuum dar, das im Stadtbild identitätsbildend ist. Die Identitätsbildung eines Ortes aber ist grundlegende Voraussetzung für die emotionale Bindung des Menschen mit diesem Ort und seinem »Zuhause«. Führt man sich dies vor Augen, so ist die Tatsache, dass die Bauämter unserer Städte, anders als noch vor 100 Jahren, keinen Einfluss auf die Fassaden, ihre Gestaltung und ihre Materialien haben, nicht nachvollziehbar. Schlimmer aber ist, dass die Gestalt der Fassade in der Ausbildung der Stadtplaner an unseren Universitäten nicht existent ist. Denn Fassaden bewegen den Innen- wie den Außenraum. Sie trennen den Privatraum vom öffentlichen Raum, den Wohnraum vom Platzraum und sind für beide Räume Bestandteil der sie umfassenden Wände. Und so wirkt die Fassade auch mit der Größe und Proportionierung ihrer Fensteröffnungen sowohl auf den öffentlichen Raum wie auf das Wohnzimmer ein.

Wird die Architektur mehr als Kunstwerk denn als Bauwerk verstanden, tritt ein Ungleichgewicht in der Betrachtung der Fassade ein. Das Kunstwerk in der Architektur hat Volumen. Es ist Skulptur, die in erster Linie von außen gedacht ist. Der Innenraum wird nicht als Raum gedacht. Die Fensteröffnungen folgen dementsprechend der Außenfassade des Kunstwerkes und reagieren nur sekundär auf den Innenraum. Mit der heutigen Betrachtung der Architektur als Kunstwerk ist das Zusammenwirken und das Eingehen der Fassade auf beide Räume, den Außen- wie den Innenraum, daher nicht mehr oder nur bedingt vorhanden. Dies war nicht immer so, auch nicht in der Moderne. Adolf Loos als einer der Urväter der Moderne handelte mit seinem *Raumplan* in umgekehrter Weise. Im Haus Müller in Prag richten sich die Fensteröffnungen fast ausschließlich nach den Raumkonstellationen im Inneren. Den Fassaden fehlt damit weitgehend jede Ordnung, sie erscheinen dem Betrachter willkürlich. In der Konsequenz des Raumplanes geht Loos so weit, den Hauseingang dieses repräsentativen Hauses nicht in die dem Tal zugeordnete Hauptfassade zu legen, sondern ihn in den Hang regelrecht einzugraben. Gemessen

5 **Adolf Loos: Haus Müller, Prag**

am Repräsentationswert der Wohnräume scheint der Hauseingang daher wenig überzeugend. Das Innere der Fassaden stimmt also auch hier nicht mit dem Äußeren überein, allerdings in Umkehrung der heutigen Gepflogenheiten.

Im *Handbuch für Architektur* aus dem Jahre 1904 wird unter der Überschrift *Raumbildung* (6) gezeigt, wie man im 19. Jahrhundert die Fassade als »Raumregler« zwischen außen und innen, zwischen öffentlichem und privatem Raum nutzte, wie man für beide Räume eine Ordnung erreichte, die schiefwinklige Straßenzüge und geometrische Plätze aus Hauswänden bilden kann, ohne dass die Raumzuschnitte im Inneren darunter leiden. Voraussetzung für diese Ordnung ist die Aufgabe des einheitlichen modernen Rasters, das den Gesamtgrundriss überspannt und bei Mies van der Rohe sogar das Konstruktive des Hauses bis zur letzten Schraube erfasst. Voraussetzung ist, sich von Ordnungen zu lösen, die das Haus von der Gästetoilette bis zum Wohnraum einem gestalterischen Dogma unterwirft. Mit der Entwicklung des Bauwerkes zum Kunstwerk lässt sich nach 30 Jahren sagen, dass die Architektur dieses Dogma der Moderne auch weitgehend verlassen hat. Statt aber die Handlungsweisungen der Moderne der Gestaltungsnotwendigkeit des städtischen Raumes wieder anzupassen, hat sie es durch Unordnung ersetzt, die zu korrigieren unsere vorrangige Aufgabe ist. Die Fassade als »Raumregler« gibt uns die Möglichkeit dazu. Wir können Räume jeder Form und Proportion entstehen lassen, ohne dabei die Ordnung des Stadtraumes gegen die Ordnung im Inneren des Hauses oder umgekehrt die Ordnung im Inneren gegen die des Stadtraumes eintauschen zu müssen.
Die alternde Moderne ist beliebig geworden und hat dabei doch viele ihrer Dogmen noch nicht aufgeben. Wir müssen uns der Elemente der Fassade besinnen, der Fenster, Gewände, Gesimse, Läden, Erker, Türen, Tore, Sockel, Giebel und Fensterbänke. Gibt es eigentlich ein nützlicheres städtebauliches Fassadenelement als den Erker, der den Innen- mit dem Außenraum verbindet? Geschützt tritt man in ihn hinein, überblickt den gesamten Straßenraum und nimmt so am städtischen Leben teil. Der Charakter unserer Straßen und Plätze wird über die Fassade gebildet. Denkt der Architekt über die Fassade »seines« Hauses hinaus, kann aus der Hausfassade die gestaltete Platzfassade werden. Gesims, Gewände und Fenstersprosse sind ihm bei der Proportionierung der Fassade behilflich und dienen nicht als Stilelement vergangener Zeiten. Wenn wir die alten Stadtkerne, ihre Häuser und Hauselemente studieren, so tun wir dies nicht, um in Nostalgie zu erstarren, sondern nur um ihnen ihr Geheimnis der uns beim Betrachten überkommenden Beglückung dieser Stadtbaukunst zu entreißen.

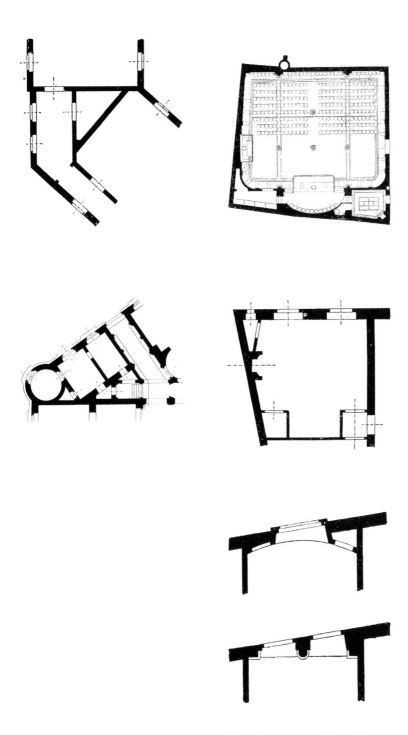

6 Die Anpassung von Innenräumen an den Außenraum der Straße

Das Straßenfenster

Mario Botta

Lieblingsfenster

Kapelle auf dem Monte Tamaro, Tessin

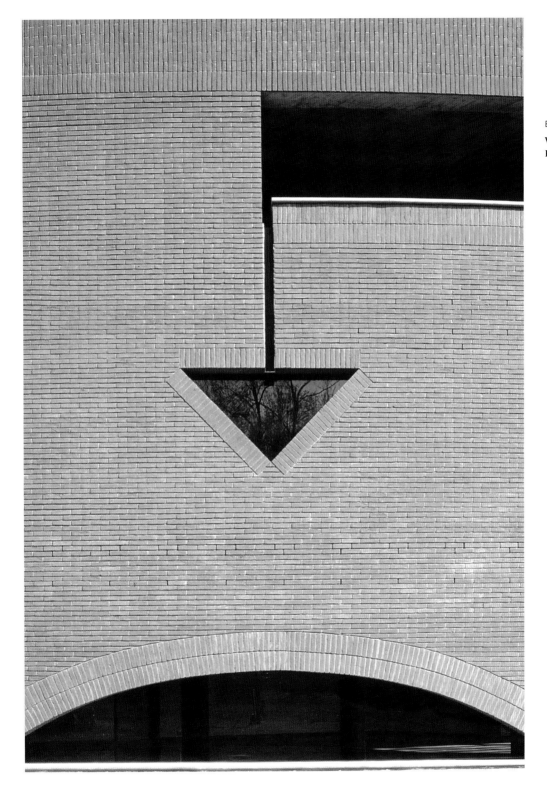

Eigenes Fenster
**Villa Redaelli,
Bernareggio**

Kees Christiaanse

Lieblingsfenster
Otto R. Salvisberg Haus Christiaanse, Berlin

Eigenes Fenster
Bürogebäude Holzhafen, Hamburg

Andrea Deplazes

Lieblingsfenster
**Sigurd Lewerentz
Flower Kiosk,
Eastern Cemetery
Malmö, Schweden**

Eigenes Fenster
**Wohnhaus Meuli,
Fläsch/
Graubünden**

Max Dudler

Lieblingsfenster
**Edward Hopper
Nighthawks (1942)**
Öl auf Leinwand
84,1 × 152,4 cm
Art Institute of Chicago

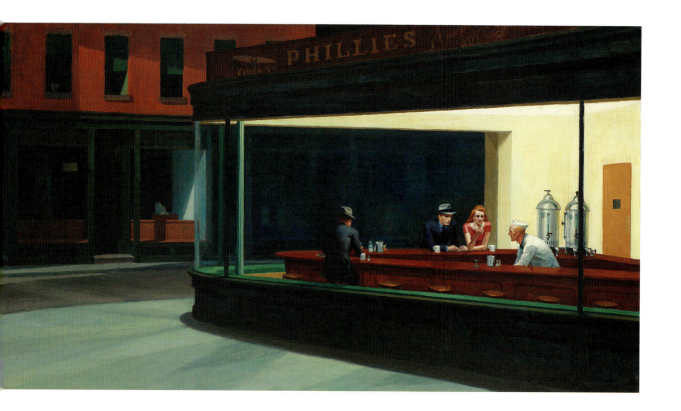

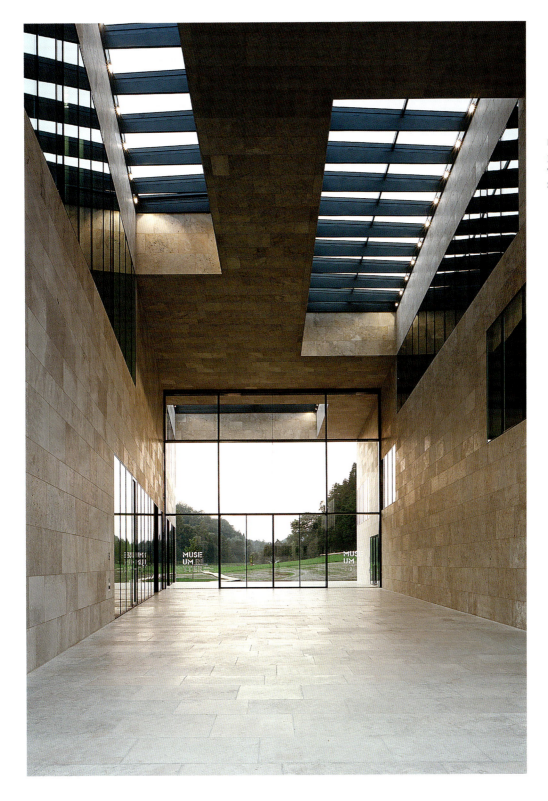

Eigenes Fenster

Museum Ritter, Waldenbuch bei Stuttgart

Annette Gigon

Lieblingsfenster

Historisches Gebäude, Zürich

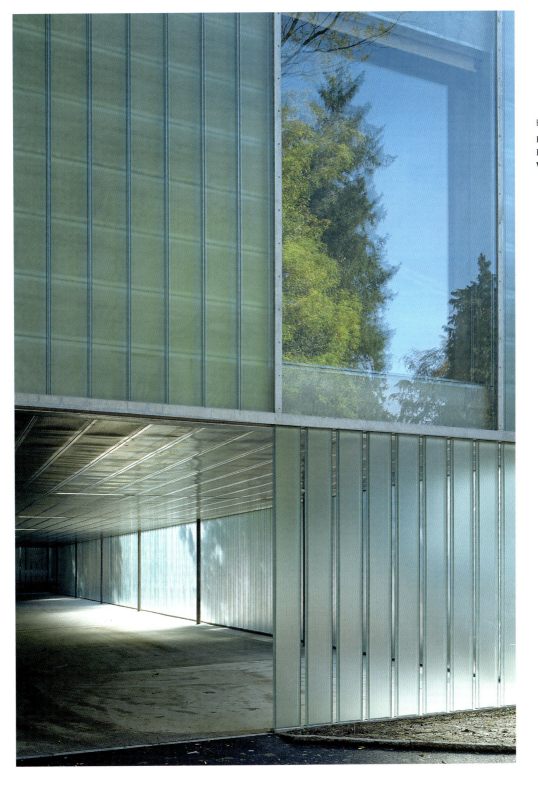

Eigenes Fenster
Erweiterung Kunstmuseum Winterthur

Hans Kollhoff

Lieblingsfenster
Privathaus in Italien

Eigenes Fenster
Villa Gerl, Berlin-Dahlem

Josep Lluís Mateo

Lieblingsfenster

Börse in Palma de Mallorca, Spanien

Eigenes Fenster
Haus auf Mallorca, Spanien

Ivan Reimann

Lieblingsfenster
Müller Reimann Architekten Kaltglasfassade Leipziger Platz 3, Berlin

Eigenes Fenster
Natursteinfassade Leipziger Platz 1, Berlin

Álvaro Siza

Lieblingsfenster
**Álvaro Siza
Carlos Castanheira
Mecanoo
Zwei Häuser,
Den Haag**

Eigenes Fenster
**Van Middelem-
Dupont Haus,
Oudenburg,
Belgien**

Gesine Weinmiller

Lieblingsfenster
Höhlenwohnung in der Wüste

Eigenes Fenster
Bundesarbeitsgericht, Erfurt

Das Dach

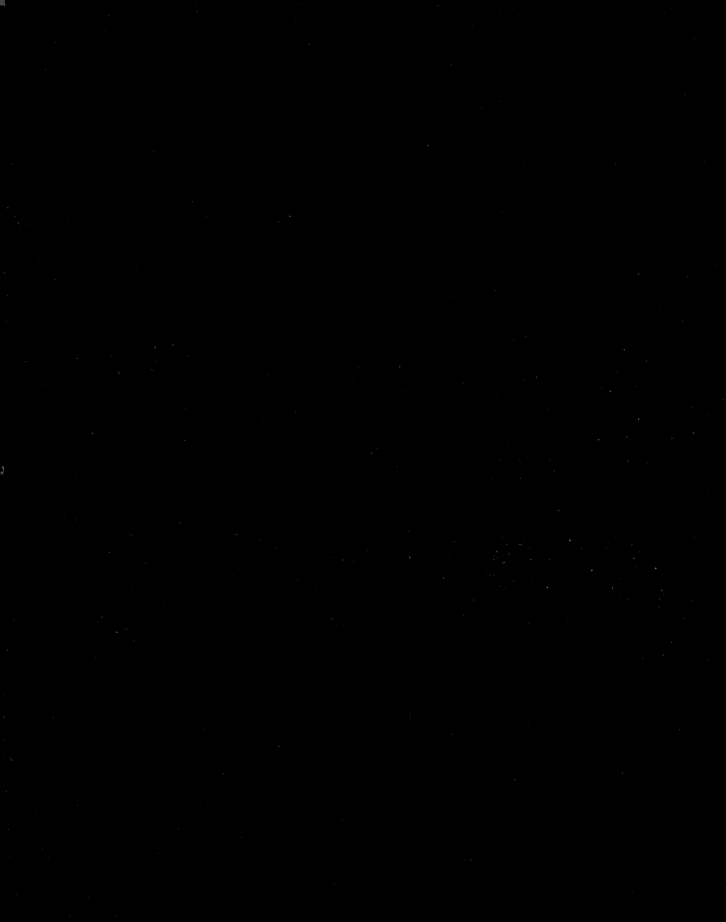

Stephen Bates
Jonathan Sergison

Lieblingsdach
**Doppelhaus,
Großbritannien**

Eigenes Dach
Vorstadtsiedlung, Stevenage Herfordshire, Großbritannien

Paulus Eckerle

Lieblingsdach
**Brenner-
Anwesen,
Breitenhill**

Eigenes Dach
Remise, Herlingshard

Hans Kollhoff

Lieblingsdach

**Kobori Enshu
Imperial Villa
Katsura,
Kyoto, Japan**

Eigenes Dach
»Kop van Zuid«, Rotterdam

Christoph Mäckler

Lieblingsdach
Dachlandschaft mit Portikus, Frankfurt am Main

Eigenes Dach

**European
Business School,
Oestrich-Winkel**

Valerio Olgiati

Lieblingsdach
Kloster Shwe Yaunghwe Kyaung, Nyaungshwe am Inle-See, Myanmar

Eigenes Dach
**Caumasee-Projekt,
Flims, Schweiz**

Karljosef Schattner †

Lieblingsdach
Diözesanarchiv, Eichstätt

Eigenes Dach
**Bürogebäude,
Universität
Eichstätt**

Oswald Mathias Ungers †

Lieblingsdach
Parthenon
(**Modell**)

Eigenes Dach
**Glashütte,
Utscheid / Eifel**

Paolo Zermani

Lieblingsdach
Cattedrale di San Donnino, Fidenza, Italien

Eigenes Dach
**Casa Zermani,
Varano, Parma,
Italien**

Der Hauseingang

Francesco Collotti

Lieblingseingang
**Mario Asiago,
Claudio Vender
Via Albricci 8,
Mailand**

Eigener Eingang
Corso Concordia 6, Mailand

Johannes Götz
Guido Lohmann

Lieblingseingang
**Elternhaus,
Utscheid / Eifel**

Eigener Eingang
Haus Schützendorf, Koblenz

Christoph Sattler

Lieblingseingang
**Gio Ponti
Domus Aurelia,
Mailand**

Eigener Eingang
Ritz-Carlton Hotel, Beisheimcenter, Berlin, Eingang Tower Apartments

**Anna Jessen
Ingemar
Vollenweider**

Lieblingseingang
**Otto R. Salvisberg
Villa Barell,
Basel**

Eigener Eingang

Haus G., bei München

Rob Krier

Lieblingseingang
**Otto Wagner
Villa II,
Wien**

Eigener Eingang
**Atelier Rob Krier,
Andora, Ligurien**

Walter A. Noebel †

Lieblingseingang
Bruno Ahrens, Otto R. Salvisberg Wohnhaus Hohe Ähren 3, Berlin-Dahlem

Eigener Eingang
Brillat-Savarin-Oberstufenzentrum für Gastgewerbe, Buschallee, Berlin

Birgit und Christian Rapp

Lieblingseingang
Grachtenhuis, Amsterdam

Eigener Eingang
Huis Santen, Amsterdam

**Charlotte Frank
Axel Schultes**

Lieblingseingang
Grabbezirk des Djoser, Sakkara

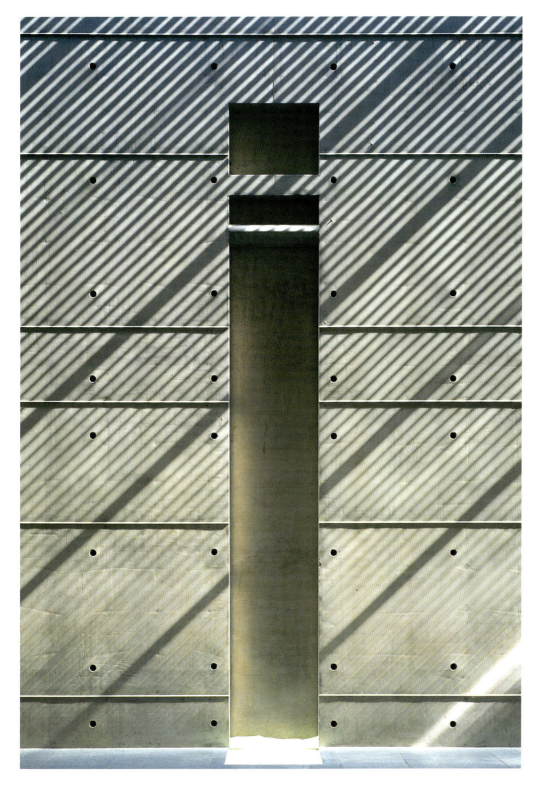

Eigener Eingang
Krematorium Baumschulenweg, Berlin

**Stephen Bates
Jonathan
Sergison**

Lieblingseingang

**Kirche
San Nicolao,
Giornico,
Tessin**

Eigener Eingang
Ferienhaus, Bridport, Dorset, Südwestengland

Luigi Snozzi

Lieblingseingang
**Christian Kerez
Kapelle,
Oberrealta,
Schweiz**

Eigener Eingang
**Haus Cavalli,
Verscio, Tessin**

Die Treppe

Roger Diener

Lieblingstreppe
**Treppe,
Amalfi**

Eigene Treppe
**mit Helmut Federle
und Gerold Wiederin
Novartis Campus,
Forum 3, Basel**

Andreas Hild

Lieblingstreppe
**Leo von Klenze
Alte Pinakothek,
München**

Eigene Treppe
Treppenhaus, Hohenkammer

**Petra und
Paul Kahlfeldt**

Lieblingstreppe

**Mies van der Rohe
Neue Nationalgalerie,
Berlin**

Eigene Treppe

Museum für Fotografie – Helmut Newton Stiftung, Berlin

Johannes Kuehn
Wilfried Kuehn
Simona Malvezzi

Lieblingstreppe
**Aldo Rossi
Grundschule,
Fagnano, Olona,
Italien**

Eigene Treppe

Festivalzentrum »Theaterformen«, Braunschweig

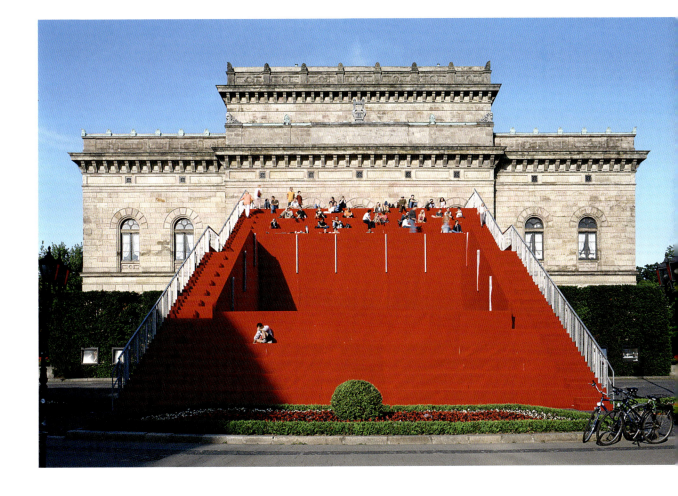

Arno Lederer

Lieblingstreppe
Wasserbauwerk Panna Meena, Indien

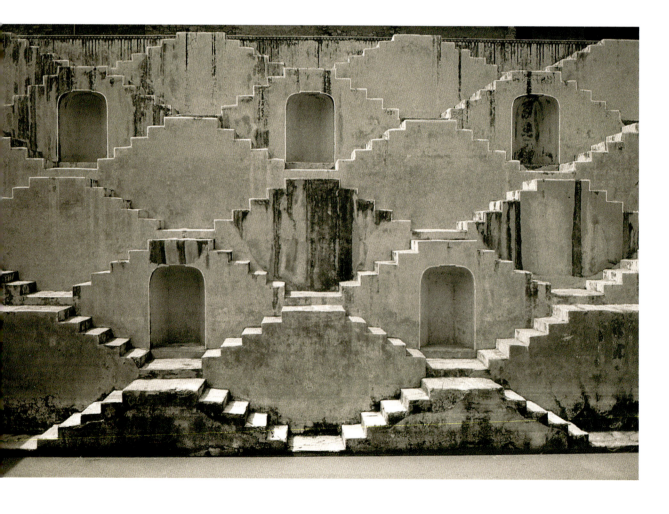

Eigene Treppe
**Rathaus,
Eppingen**

Christoph Mäckler

Lieblingstreppe
Albrechtsburg, Meissen

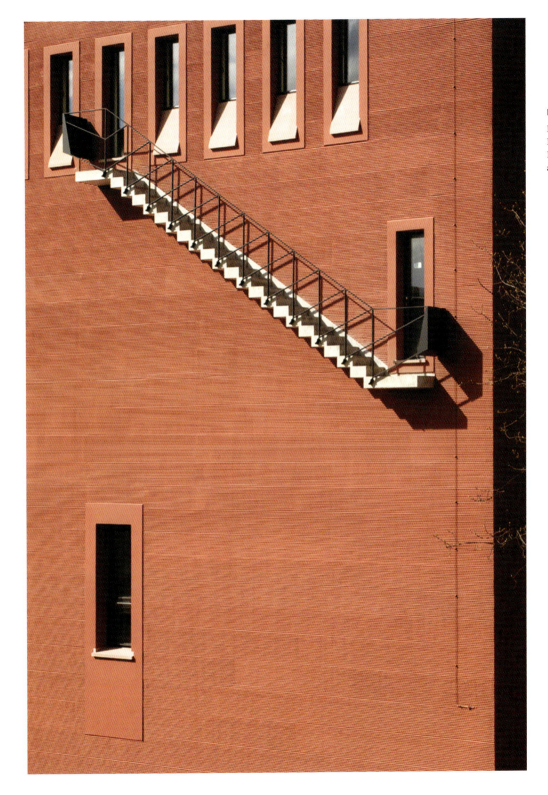

Eigene Treppe
Kunsthalle Portikus, Frankfurt am Main

**Axel Schultes
Charlotte Frank**

Lieblingstreppe

**Chand Baori,
Stufenbrunnen,
Abhaneri,
Rajastahan,
Indien**

Eigene Treppe
Skylobby Kabinettebene, Bundeskanzleramt, Berlin

**Wouter
Suselbeek**

Lieblingstreppe
**Peter Schmitthenner
Hohensteinschule,
Zuffenhausen**

Eigene Treppe
Oberstufenzentrum für Farb- und Raumgestaltung, Berlin

Thomas van den Valentyn

Lieblingstreppe

Gartentreppe im Schlosspark Versailles

Eigene Treppe

Beethoven-Archiv und Kammermusiksaal, Bonn

Die Fassade

Bernd Albers

Lieblingsfassade
**Andrea Palladio
Palazzo Porto
Breganze,
Vicenza**

Eigene Fassade
**Townhouse P. 6,
Friedrichswerder,
Berlin-Mitte**

Nikolaus Bienefeld

Lieblingsfassade
**Josef Hoffmann
Palais Stoclet,
Brüssel**

Eigene Fassade
Gemeindezentrum Blumenberg, Köln

Jo. Franzke

Lieblingsfassade

Santa María del Naranco, Belvedere des Königspalastes von Navarra, Spanien

Eigene Fassade

Stadthaus Wielandstraße, Frankfurt am Main

Paolo Fusi

Lieblingsfassade
**Otto R. Salvisberg
Bleicherhof,
Zürich**

Eigene Fassade

**Haus im Park,
Hamburg**

Jan Kleihues

Lieblingsfassade
**Palazzo delle Poste,
Neapel**

Eigene Fassade
Hotel Concorde, Berlin

Rob Krier

Lieblingsfassade

**Jacopo Sansovino
La Zecca,
Venedig**

Eigene Fassade
Oberstes Gericht, Cité Judiciaire, Luxemburg

Laurids und Manfred Ortner

Lieblingsfassade
Castel del Monte, Apulien, Italien

Eigene Fassade
Sächsische Landes-, Staats- und Universitäts- bibliothek, Dresden

Uwe Schröder

Lieblingsfassade
**Andrea Palladio
Palazzo Porto
Breganze,
Vicenza**

Eigene Fassade

Haus Hundertacht, Bonn

Eduardo Souto de Moura

Lieblingsfassade

**Álvaro Siza
Kirche
Santa Maria,
Marco de
Canaveses**

Eigene Fassade

Haus in Rua do Crasto, Porto

Michael Schwarz
Oskar Spital-Frenking

Lieblingsfassade

**Gustav Oelsner
Haus der
Schwesternschaft,
Hamburg-Altona**

Eigene Fassade

Ernst-Immel-Realschule, Marl

Sabine und Manuel Thesing

Lieblingsfassade

Le Corbusier Kloster Saint Marie de la Tourette, Éveux, Lyon

Eigene Fassade
Volksbank, Heiden

Ornament und Detail

Andreas Hild

Lieblingsdetail
**Chilehaus,
Hamburg**

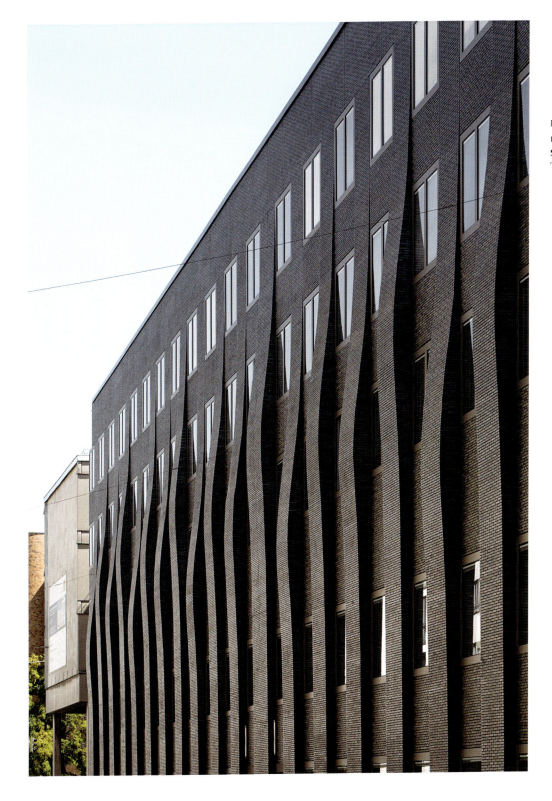

Eigenes Detail
Umbau und Sanierung der TU München

**Petra und
Paul Kahlfeldt**

Lieblingsdetail
**Andrea Palladio
Il Redentore,
Venedig**

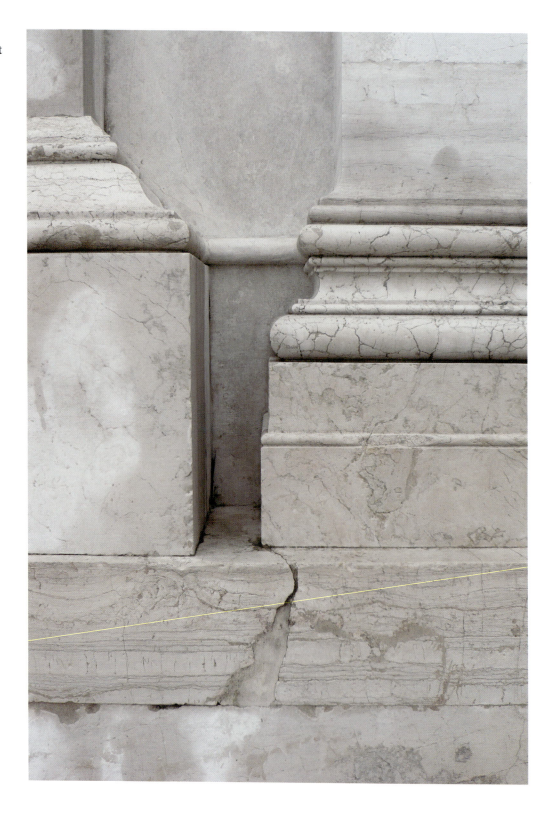

Eigenes Detail
Haus in München

Rob Krier

Lieblingsdetail
**Jože Plečnik
Zacherlhaus,
Wien**

Eigenes Detail
Hauptportal des Obersten Gerichts, Cité Judiciaire, Luxemburg

Meinrad Morger

Lieblingsdetail
**Sigurd Lewerentz
Markuskirche,
Stockholm**

Eigenes Detail
Kunstmuseum Liechtenstein, Vaduz

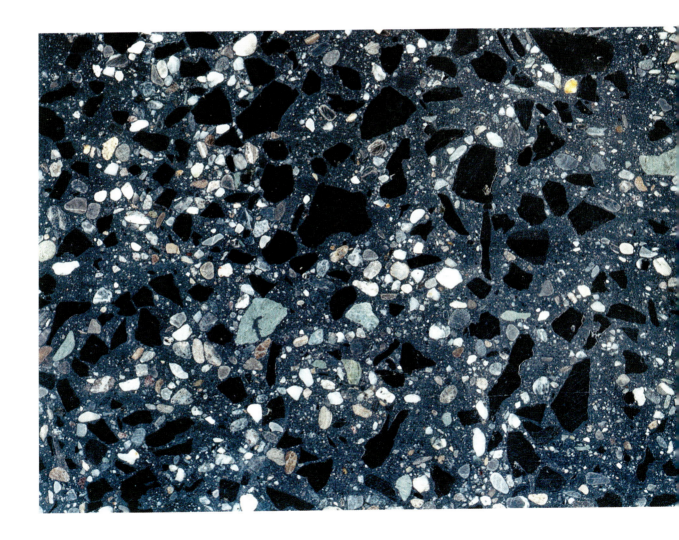

Laurids und Manfred Ortner

Lieblingsdetail
Louis Sullivan National Farmers' Bank, Minnesota

Eigenes Detail
Theater- und Kulturzentrum, Zürich

Christine Remensperger

Lieblingsdetail

Flachrelief, Tempel Hatschepsut, Ägypten

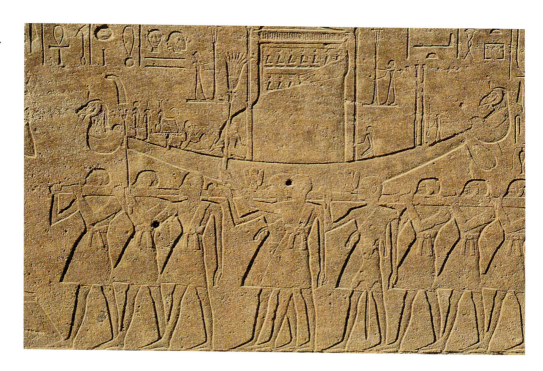

136

Eigenes Detail
**Haus B,
Stuttgart**

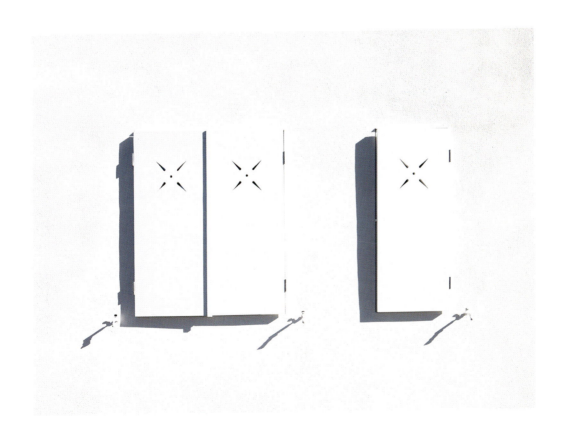

Ansgar und Benedikt Schulz

Lieblingsdetail
**Freiluft-
bibliothek,
Magdeburg**

Eigenes Detail

Neue Nikolaischule, Leipzig

Axel Steudel

Lieblingsdetail
Haus Aachener Straße, Köln

Eigenes Detail
**Haus Berg,
Stuttgart**

Der städtische Hof

Jo. Franzke

Lieblingshof
St. Marienkirche, Müncheberg

Eigener Hof

Hof der Stadtvillen, Beethovenstraße, Frankfurt am Main

**Johannes Götz
Guido Lohmann**

Lieblingshof
**Museum für
angewandte Kunst,
Köln**

Eigener Hof

Innenhof Wohn- und Geschäftshaus an der Römermauer, Bitburg

Meinrad Morger

Lieblingshof

**Sigurd Lewerentz
National
Insurance Board,
Stockholm**

Eigener Hof
Wohnhaus Erlentor, Basel

Tobias Nöfer

Lieblingshof
Riehmers Hofgarten, Berlin-Kreuzberg

Eigener Hof
**Beuth-Höfe,
Berlin-Mitte**

Helmut Riemann

Lieblingshof
Beginenhof, Brügge

Eigener Hof
**Innenhof
Neuer Weg,
Norden**

Christoph Sattler

Lieblingshof
Guiseppe de Finetti Casa della Meridiana, Mailand

Eigener Hof
Max-Palais,
München

Axel Steudel

Lieblingshof
**Haxthäuser,
Nierstein**

Eigener Hof
Hofhäuser, Nierstein

Wouter Suselbeek

Lieblingshof
**Andrea Mantegna
Casa del Mantegna,
Mantua**

Eigener Hof

Oberstufenzentrum für Farb- und Raumgestaltung, Berlin

Thomas van
den Valentyn

Lieblingshof
**Peter Zumthor
Kolumba,
Köln**

Eigener Hof
Hutfabrik, Berlin

Gesine
Weinmiller

Lieblingshof
**Erlöserkirche,
Jerusalem**

Eigener Hof

Bibliothekshof Bundesarbeitsgericht, Erfurt

Das Sockelgeschoss

Bernd Echtermeyer
Frank Paul Fietz

Lieblingssockel
**Heinz Bienefeld
Haus Babanek,
Brühl**

Eigener Sockel
Erweiterungsbau der Montessori-Grundschule, Borken

**Johannes Götz
Guido Lohmann**

Lieblingssockel
**Mies van der Rohe
Haus Riehl,
Potsdam**

Eigener Sockel
Haus Schützendorf, Köln

Jan Kleihues

Lieblingssockel

Palazzo am Piazzetta San Nicolò

Eigener Sockel

Torhaus, Hauptzentrale des Bundesnachrichtendienstes, Berlin

Meinrad Morger

Lieblingssockel

Mario Asnago Claudio Vender Casa d'abitazione, Via Faruffini, Mailand

Eigener Sockel
Neues Bad,
St. Moritz

Helmut Riemann

Lieblingssockel

**Hans und Oskar Gerson
Thalia-Hof,
Hamburg**

Eigener Sockel

Geschäftshaus Neuer Weg, Norden

Uwe Schröder

Lieblingssockel
Physiologisches Institut, Universität Bonn

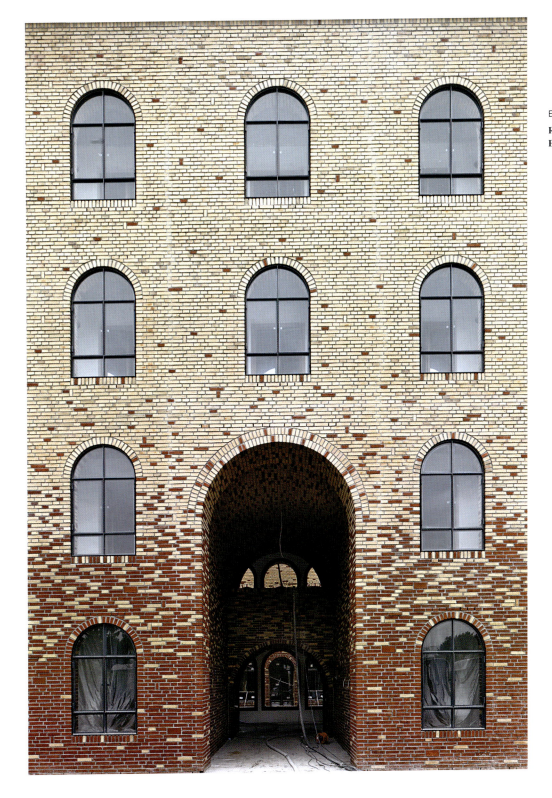

Eigener Sockel
Romanischer Hof, Bonn

Der Stein in der Fassade

Nikolaus Bienefeld

Lieblingsmotiv
Giovanni Battista Piranesi Kupferstich

Eigenes Motiv
**Prinzip-
zeichnungen
Mauerwerks-
öffnungen**

UNTERSUCHUNG VON STURZAUSBILDUNGEN ZUR NACHTRÄGLICHEN HERSTELLUNG
VON ÖFFNUNGEN IN MASSIVMAUERWERK

Klaus Theo Brenner

Lieblingsmotiv
Puerta de Alfonso VI, Toledo, Spanien

Eigenes Motiv
Haus Dahm-Courths, Berlin

Bernd Echtermeyer
Frank Paul Fietz

Lieblingsmotiv

**Alvar Aalto
Baker House
am MIT,
Cambridge**

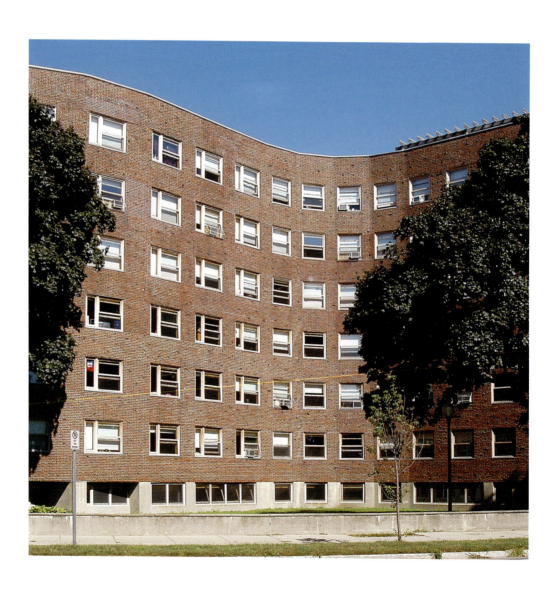

Eigenes Motiv
Wohnbebauung Westerberg, Osnabrück

**Jeroen Geurst
Rens Schulze**

Lieblingsmotiv

**Giovanni Muzio
Convento di
Sant'Angelo,
Mailand**

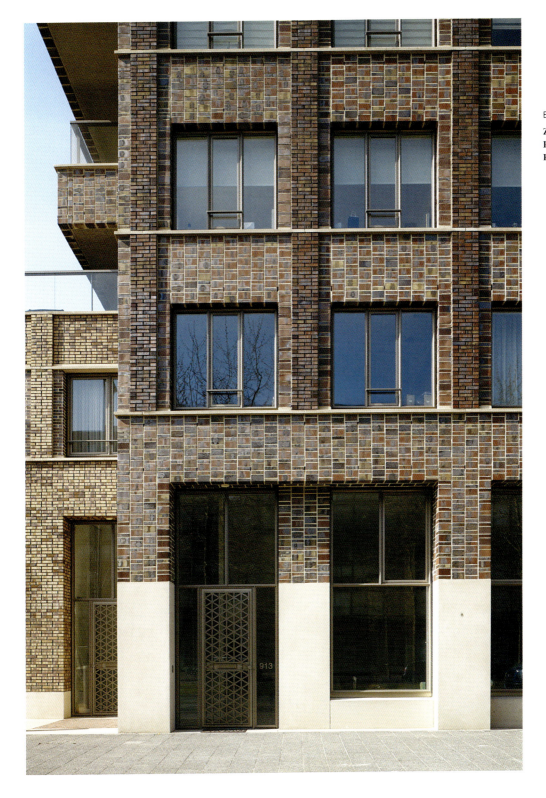

Eigenes Motiv
Zuiderspoor Parkstad, Rotterdam

Saskia Göke
Marc Falke

Lieblingsmotiv
**Mies van der Rohe
Haus Esters,
Krefeld**

Eigenes Motiv

**Haus B,
Essen-Bredeney**

Jan Kleihues

Lieblingsmotiv
Rest der mittelalterlichen Stadtmauer, Berlin

Eigenes Motiv
Hotel Mio, Berlin

Arno Lederer

Lieblingsmotiv
Kloster Chorin

Eigenes Motiv
Hospitalhof, Stuttgart

Wolfgang Lorch

Lieblingsmotiv

**Jože Plečnik
Slowenische
National- und
Universitäts-
bibliothek,
Ljubljana**

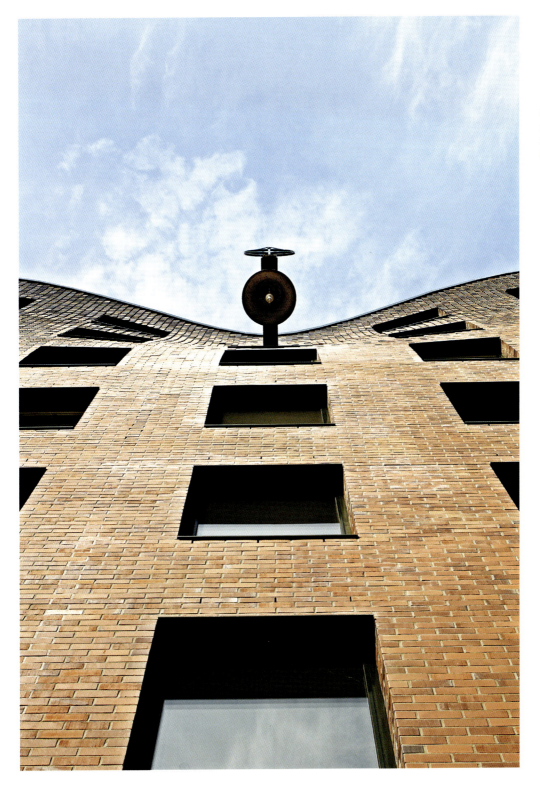

Eigenes Motiv
Ökumenisches Forum, Hamburg

Christoph Mäckler

Lieblingsmotiv
Fritz Höger Sprinkenhof, Hamburg

Eigenes Motiv
Lévi-Strauss-Oberschule, Berlin

Tobias Nöfer

Lieblingsmotiv
**Emil Fahrenkamp
Shell-Haus,
Berlin**

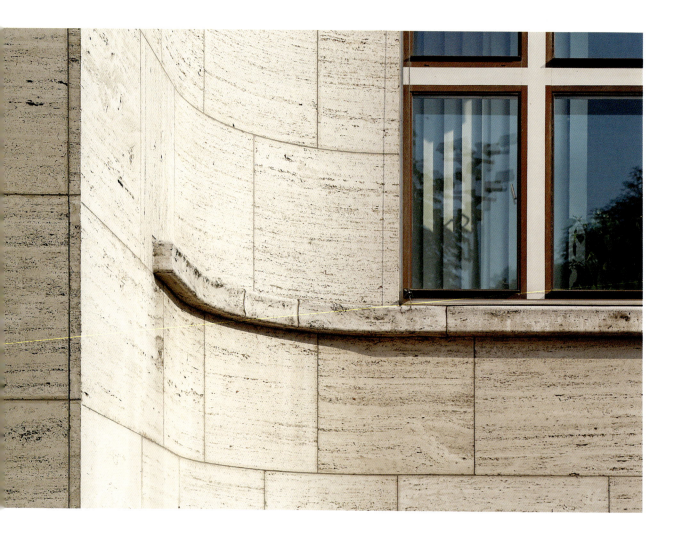

Eigenes Motiv
**Elektronen-
mikroskop-
gebäude,
TU Berlin**

Helmut Riemann

Lieblingsmotiv
Abtei Le Thoronet, Frankreich

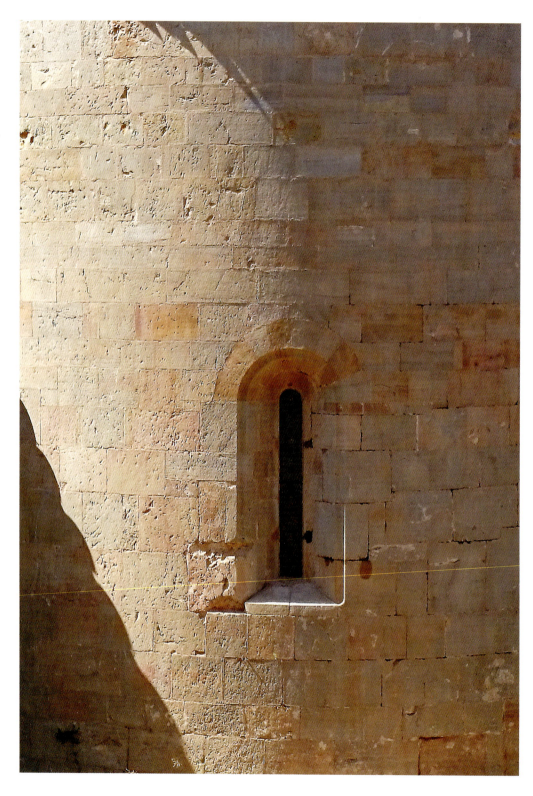

Eigenes Motiv
Burgruine Hardenburg, Bad Dürkheim

Ansgar und Benedikt Schulz

Lieblingsmotiv
Santuario de Nuestra Señora de Aránzazu, Spanien

Eigenes Motiv
Katholische Propsteikirche St. Trinitatis, Leipzig

Axel Steudel

Lieblingsmotiv
**Peter Behrens
Villa Gans,
Kronberg**

Eigenes Motiv

Haus Kani, Frankfurt am Main

**Sabine und
Manuel Thesing**

Lieblingsmotiv
**Pantheon,
Rom**

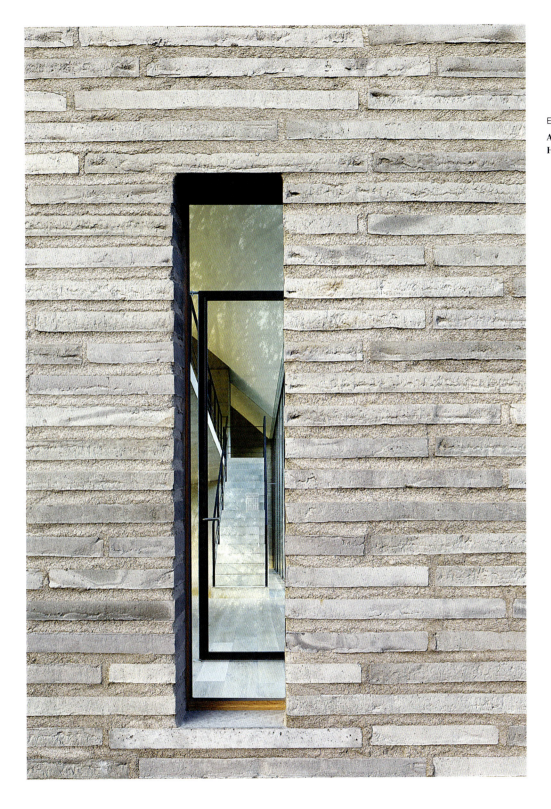

Eigenes Motiv
Atelier im Garten, Heiden

Bernhard Winking

Lieblingsmotiv

Prasat Kravan, Tempel-Turm, Kambodscha

Eigenes Motiv
Wohnbebauung Averhoffstraße, Hamburg

Balkon – Erker – Loggia

Bernd Albers

Lieblingsmotiv
Palazzo Ducale, Urbino

Eigenes Motiv
**Elpro-Haus,
Friedrichswerder,
Berlin-Mitte**

**Gunther Bayer
Peter Strobel**

Lieblingsmotiv

**Rafael Moneo
Erweiterung
Rathaus,
Murcia,
Spanien**

Eigenes Motiv
**PSD-Bank,
Saarbrücken**

Ferdinand Heide

Lieblingsmotiv

Casino des Poelzig-Baus, Frankfurt am Main

Eigenes Motiv

Seminarhaus, Campus Westend, Frankfurt am Main

Christoph Mäckler

Lieblingsmotiv

**Adolf Loos
Haus Tristan
Tzara, Paris**

Eigenes Motiv

Gleichrichterwerk, Frankfurt am Main

Johannes Modersohn
Antje Freiesleben

Lieblingsmotiv
**Mies van der Rohe
Haus Riehl,
Potsdam**

Eigenes Motiv
**Haus Michael,
Althüttendorf**

Birgit und Christian Rapp

Lieblingsmotiv

Ernesto Bruno La Padula Giovanni Guerrini Mario Romano Palazzo della civiltà del lavoro, Rom

Eigenes Motiv
Hochhaus de Kroon, Den Haag

Christoph Sattler

Lieblingsmotiv
Erker in Valetta, Malta

Eigenes Motiv

**Wohnhaus
Isabellastraße 31,
München**

Louisa Hutton
Matthias Sauerbruch

Lieblingsmotiv

**Renzo Piano,
Richard Rogers
Centre national
d'art et de culture
Georges-Pompidou,
Paris**

Eigenes Motiv
Neubau BSU, Hamburg

Gernot Schulz

Lieblingsmotiv
Rafael Moneo Erweiterung Rathaus, Murcia, Spanien

Eigenes Motiv
**Residenz
Deutsche Botschaft,
Bratislava**

Uwe Schröder

Lieblingsmotiv
**Karl Friedrich Schinkel
Neuer Pavillon,
Berlin**

Eigenes Motiv
Haus Blömer-Feldmann, Bonn

Bildnachweis

S.	Bildtitel und Fotograf / Künstler
8	Ausstellung 10 Jahre Dortmunder Architekturausstellung im Museum am Ostwall, November 2015 Detlef Podehl
11	Christoph Mäckler Detlef Podehl
13	Grand Place, Brüssel Fotograf unbekannt
13	Prinzipalmarkt, Münster Fotograf unbekannt
15	Adolf Loos: Haus Müller, Prag Fotograf unbekannt
17	Die Anpassung von Innenräumen an den Außenraum der Straße Handbuch der Architektur, IV. Teil: Entwerfen, Anlage und Einrichtung der Gebäude, 1. Halbband, 3. Auflage, Stuttgart 1904, S. 98–100.

Bildnachweis der Dortmunder Architekturausstellungen No. 7–17, die von 2005 bis 2015 in Dortmund stattgefunden haben.

S.	Bildtitel und Fotograf / Künstler
19	Goethe am Fenster der römischen Wohnung am Corso, 1787, Aquarell, Kreide und Feder über Bleistift auf Papier, 41,5 × 26,6 cm, Goethe-Museum, Frankfurt am Main Johann Heinrich Wilhelm Tischbein
20	Kapelle auf dem Monte Tamaro, Tessin Enrico Cano
21	Villa Redaelli, Bernareggio Pino Musi
22	Haus Christiaanse, Berlin Jan Bitter
23	Bürogebäude Holzhafen, Hamburg H. G. Esch
24	Flower Kiosk, Eastern Cemetery Malmö, Schweden aus: Architect Sigurd Lewerentz, Vol. 1, Byggförlaget, Stockholm 1997
25	Wohnhaus Meuli, Fläsch / Graubünden Ralph Feiner
26	Nighthawks Edward Hopper
27	Museum Ritter, Waldenbuch bei Stuttgart Stefan Müller
28	Historisches Gebäude, Zürich Gigon + Guyer
29	Erweiterung Kunstmuseum Winterthur Heinrich Helfenstein
30	Privathaus in Italien Hans Kollhoff
31	Villa Gerl, Berlin-Dahlem Ivan Nemec
32	Börse in Palma de Mallorca, Spanien Gabriel Ramon
33	Haus auf Mallorca, Spanien Duccio Malagamba
34	Kaltglasfassade Leipziger Platz 3, Berlin Ulrich Schwarz
35	Natursteinfassade Leipziger Platz 1, Berlin Ulrich Schwarz
36	Zwei Häuser, Den Haag Archiv Álvaro Siza
37	Van Middelem-Dupont Haus, Oudenburg, Belgien Roland Halbe
38	Höhlenwohnung in der Wüste, Ausstellung *Wüste am 45. Längengrad* Ursula Schulz-Dornburg
39	Bundesarbeitsgericht, Erfurt Klaus Kinold
42	Doppelhaus, Großbritannien Jonathan Sergison
43	Vorstadtsiedlung, Stevenage, Herfordshire, Großbritannien Hélène Binet
44	Brenner-Anwesen, Breitenhill Maria Eckerle
45	Remise, Herlingshard Maria Eckerle
46	Imperial Villa Katsura, Kyoto, Japan Archiv Hans Kollhoff
47	»Kop van Zuid«, Rotterdam Büro Hans Kollhoff
48	Dachlandschaft mit Portikus, Frankfurt am Main Thomas Eicken

49	European Business School, Oestrich-Winkel Dieter Leistner	72	Grachtenhuis, Amsterdam Renco Roes
50	Kloster Shwe Yaunghwe Kyaung Nyaungshwe am Inye See, Myanmar Archiv Valerio Olgiati	73	Huis Santen, Amsterdam Kim Zwarts
51	Caumasee-Projekt, Flims, Schweiz Archiv Valerio Olgiati	74	Grabbezirk des Djoser, Sakkara Schultes Frank Architekten
52	Diözesanarchiv, Eichstätt Klaus Kinold	75	Krematorium Baumschulenweg, Berlin Werner Huthmacher
53	Bürogebäude, Universität Eichstätt Klaus Kinold	76	Kirche San Nicolao, Giornico, Tessin Fotograf unbekannt
54	Parthenon Bernd Grimm	77	Ferienhaus, Bridport, Dorset, Südwestengland Fotograf unbekannt
55	Glashütte, Utscheid / Eifel Büro Oswald Mathias Ungers	78	Kapelle, Oberrealta, Schweiz Fotograf unbekannt
56	Cattedrale di San Donnino, Fidenza, Italien Fotograf unbekannt	79	Haus Cavalli, Verscio, Tessin Fotograf unbekannt
57	Casa Zermani, Varano, Parma, Italien Archiv Paolo Zermani	81	La scala a spirale, Musei Vaticani, 1932 Guiseppe Momo
59	Hauseingang Barbara Klemm	82	Treppe, Amalfi Fotograf unbekannt
60	Via Albricci 8, Mailand Pagani 1955, Archiv Francesco Collotti	83	Novartis Campus, Forum 3, Basel Christian Richter
61	Corso Concordia 6, Mailand Studio Prof. Francesco Collotti	84	Alte Pinakothek, München Fotograf unbekannt
62	Elternhaus, Utscheid / Eifel, um 1940 Fotograf unbekannt	85	Treppenhaus, Hohenkammer Michael Heinrich
63	Haus Schützendorf, Koblenz Jan Krouge	86	Neue Nationalgalerie, Berlin Kahlfeldt Architekten
64	Domus Aurelia, Mailand, 1933–37 Fotograf unbekannt	87	Museum für Fotografie – Helmut Newton Stiftung, Berlin Kahlfeldt Architekten
65	Ritz-Carlton Hotel, Beisheimcenter, Berlin, Eingang Tower Apartments Fotograf unbekannt	88	Grundschule, Fagnano, Olona, Italien, 1972–76 Giacinta Manfredi, Maria Ida Biggi
66	Villa Barell, Basel Maximilian Meisse	89	Festivalzentrum »Theaterformen«, Braunschweig Ulrich Schwarz
67	Haus G., bei München Maximilian Meisse	90	Wasserbauwerk Panna Meena, Indien, 16. Jhd. Arno Lederer
68	Villa II, Wien Otto Wagner	91	Rathaus, Eppingen Zooey Braun
69	Atelier Rob Krier, Andora Ligurien Rob Krier	92	Albrechtsburg, Meissen Prof. Christoph Mäckler Architekten
70	Wohnhaus Hohe Ähren 3, Berlin-Dahlem Nastasia Noebel	93	Kunsthalle Portikus, Frankfurt am Main Prof. Christoph Mäckler Architekten
71	Brillat-Savarin-Oberstufenzentrum für Gastgewerbe, Buschallee, Berlin Stefan Müller	94	Chand Baori, Stufenbrunnen, Abhaneri, Rajasthan, Indien Charlotte Frank
		95	Skylobby Kabinettebene, Bundeskanzleramt, Berlin Werner Huthmacher

96	Hohensteinschule, Zuffenhausen Fotograf unbekannt	119	Haus in Rua do Crasto, Porto Luis Ferreira Alies
97	Oberstufenzentrum für Farb- und Raumgestaltung, Berlin Stefan Müller	120	Haus der Schwesternschaft, Hamburg-Altona Eva Schwarz
98	Gartentreppe im Schlosspark Versailles Fotograf unbekannt	121	Ernst-Immel-Realschule, Marl Eva Schwarz
99	Beethoven-Archiv und Kammermusiksaal, Bonn Rainer Mader	122	Kloster Saint Marie de la Tourette, Éveux, Lyon, 1956–60 Roland Borgmann
101	Fassade Barbara Klemm	123	Volksbank, Heiden Lukas Roth
102	Palazzo Porto Breganze, Vicenza Fotograf unbekannt	125	Ornament und Detail Barbara Klemm
103	Townhouse P. 6, Friedrichswerder, Berlin Stefan Müller	126	Chilehaus, Hamburg Archiv Andreas Hild
104	Palais Stoclet, Brüssel unbekannt	127	Umbau und Sanierung der TU München M. Heinrich
105	Gemeindezentrum Blumenberg, Köln Lukas Roth	128	Il Redentore, Venedig Archiv Paul und Petra Kahlfeldt
106	Santa María del Naranco, Belvedere des Königspalastes von Navarra, Spanien Fotograf unbekannt	129	Haus in München Archiv Paul und Petra Kahlfeldt
107	Stadthaus Wielandstraße, Frankfurt am Main Jean-Luc Valentin	130	Zacherlhaus, Wien Archiv Damjan Prelovsek
108	Bleicherhof, Zürich Fotograf unbekannt	131	Hauptportal des Obersten Gerichts, Cité Judiciaire, Luxemburg Johannes Vogt
109	Haus im Park, Hamburg Martin Kunze	132	Markuskirche, Stockholm Archiv Meinrad Morger
110	Palazzo delle Poste, Neapel Vasari-Roma	133	Kunstmuseum Liechtenstein, Vaduz Meinrad Morger
111	Hotel Concorde, Berlin Stefan Müller	134	National Farmers' Bank, Minnesota aus: John Szarkowski, The Idea of Louis Sullivan, S. 155
112	La Zecca, Venedig Francesco Virgillito	135	Theater- und Kulturzentrum, Zürich Christian Helmle, Thun
113	Oberstes Gericht, Cité Judiciaire, Luxemburg Johannes Vogt	136	Flachrelief, Tempel Hatschepsut, Ägypten Archiv Christine Remensperger
114	Castel del Monte, Apulien, Italien, 1240–1250 Fotograf unbekannt	137	Haus B, Stuttgart Christine Remensperger
115	Sächsische Landes-, Staats- und Universitätsbibliothek, Dresden Stefan Müller	138	Freiluftbibliothek, Magdeburg Jörg Hempel
116	Palazzo Porto Breganze, Vicenza Fotograf unbekannt	139	Neue Nikolaischule, Leipzig Werner Huthmacher
117	Haus Hundertacht, Bonn Stefan Müller	140	Haus Aachener Straße, Köln Archiv Axel Steudel
118	Kirche Santa Maria, Marco de Canaveses Fotograf unbekannt	141	Haus Berg, Stuttgart Archiv Axel Steudel
		143	Der städtische Hof Barbara Klemm

144	St. Marienkirche, Müncheberg Jo. Franzke		168	Haus Riehl, Potsdam Alexander Hartmann
145	Hof der Stadtvillen, Beethovenstraße, Frankfurt am Main Jean-Luc Valentin		169	Haus Schützendorf, Köln Jan Kraege
146	Museum für angewandte Kunst, Köln Jan Kraege		170	Palazzo am Piazzetta San Nicolò Stefan Müller
147	Innenhof Wohn- und Geschäftshaus an der Römermauer, Bitburg Jan Kraege		171	Torhaus, Hauptzentrale des Bundesnachrichten- dienstes, Berlin Kleihues + Kleihues
148	National Insurance Board, Stockholm Fabio Galli		172	Casa d'abitazione, Via Faruffini, Mailand Gabriele Basilico
149	Wohnhaus Erlentor, Basel Ruedi Walti		173	Neues Bad, St. Moritz Ralph Feiner
150	Riehmers Hofgarten, Berlin-Kreuzberg Rene Wildgrube		174	Thalia-Hof, Hamburg Hans Meyer-Veden
151	Beuth-Höfe, Berlin-Mitte Archiv Tobias Nöfer		175	Geschäftshaus Neuer Weg, Norden Lukas Roth
152	Beginenhof, Brügge Wolfgang Staudt		176	Physiologisches Institut, Universität Bonn Stefan Müller
153	Innenhof Neuer Weg, Norden Lukas Roth		177	Romanischer Hof, Bonn Stefan Müller
154	Casa della Meridiana, Mailand Fotografie: Palladium		179	Der Stein in der Fassade Barbara Klemm
155	Max-Palais, München Stefan Müller		180	Kupferstich Giovanni Battista Piranesi, Copyright: UAA Köln
156	Haxthäuser, Nierstein Archiv Axel Steudel		181	Prinzipzeichnungen Mauerwerksöffnungen Nikolaus Bienefeld
157	Hofhäuser, Nierstein Axel Steudel		182	Puerta de Alfonso VI, Toledo, Spanien Archiv Klaus Theo Brenner
158	Casa del Mantegna, Manua Archiv Wouter Suselbeek		183	Haus Dahm-Courths, Berlin Rene Wildgrube
159	Oberstufenzentrum für Farb- und Raumgestaltung, Berlin Stefan Müller		184	Baker House am MIT, Cambridge Fotograf unbekannt
160	Kolumba, Köln Archiv Thomas van den Valentyn		185	Wohnbebauung Westerberg, Osnabrück Bernd Echtermeyer
161	Hutfabrik, Berlin Rainer Mader		186	Convento di Sant'Angelo, Mailand Jeroen Geurst
162	Erlöserkirche, Jerusalem Gesine Weinmiller		187	Zuiderspoor Parkstad, Rotterdam Christian Richters
163	Bibliothekshof Bundesarbeitsgericht, Erfurt Klaus Kinold		188	Haus Esters, Krefeld Fotograf unbekannt
165	Das Sockelgeschoss Barbara Klemm		189	Haus B, Essen-Bredeney Gisela Franke
166	Haus Babanek, Brühl Klaus Kinold		190	Rest der mittelalterlichen Stadtmauer, Berlin Kleihues + Kleihues
167	Erweiterungsbau der Montessori-Grundschule, Borken Frank Paul Fietz		191	Hotel Mio, Berlin Stefan Müller

192	Kloster Chorin Arno Lederer	216	Casino des Poelzig-Baus, Frankfurt am Main Frank Heinen
193	Hospitalhof, Stuttgart Arno Lederer	217	Seminarhaus, Campus Westend, Frankfurt am Main Thomas Ott
194	Slow. National- und Universitätsbibliothek, Ljubljana Steffen Kunkel	218	Haus Tristan Tzara, Paris Copyright: Albertina, Wien
195	Ökumenisches Forum, Hamburg Norbert Miguletz	219	Gleichrichterwerk, Frankfurt am Main Dieter Leistner
196	Sprinkenhof, Hamburg Oliver Heissner	220	Haus Riehl, Potsdam aus: Moderne Bauformen 9.1910
197	Lévi-Strauss-Oberschule, Berlin Stefan Müller	221	Haus Michael, Althüttendorf Johannes Modersohn
198	Shell-Haus, Berlin Rene Wildgrube, Nöfer Architekten	222	Palazzo della civiltà del lavoro, Rom Archiv Christian Rapp
199	Elektronenmikroskopgebäude, TU Berlin Rene Wildgrube, Nöfer Architekten	223	Hochhaus de Kroon, Den Haag Kim Zwarts
200	Abtei Le Thoronet, Frankreich Hanno Nachtsheim	224	Erker in Valetta, Malta Ronny Siegel
201	Burgruine Hardenburg, Bad Dürkheim Klaus Hecke	225	Wohnhaus Isabellastraße 31, München Stefan Müller
202	Santuario de Nuestra Señora de Aránzazu, Spanien Schulz und Schulz	226	Centre national d'art et de culture Georges-Pompidou, Paris Peter Krebs
203	Katholische Propsteikirche St. Trinitatis, Leipzig Schulz und Schulz	227	Neubau BSU, Hamburg Jan Bitter
204	Villa Gans, Kronberg Max Böllner	228	Erweiterung Rathaus, Murcia, Spanien Gernot Schulz
205	Haus Kani, Frankfurt am Main Christian Eblenkamp	229	Residenz Deutsche Botschaft, Bratislava Michael Reisch
206	Pantheon, Rom Thesing & Thesing	230	Neuer Pavillon, Berlin Archiv Hartmann / Wissenschaftliches Bildarchiv für Architektur, Berlin
207	Atelier im Garten, Heiden Lukas Roth	231	Haus Blömer-Feldmann, Bonn Elger Esser
208	Prasat Kravan, Tempel-Turm, Kambodscha Bernhard Winking		
209	Wohnbebauung Averhoffstraße, Hamburg Christoph Gebler		
210	Balkon – Erker – Loggia Barbara Klemm		
212	Palazzo Ducale, Urbino Postkarte: Edizioni L'Alfiere		
213	Elpro-Haus, Friedrichswerder, Berlin Stefan Müller		
214	Erweiterung Rathaus, Murcia, Spanien Michael Moran / OTTO		
215	PSD-Bank, Saarbrücken Peter Strobel		

Wir haben uns intensiv bemüht, die Rechte für die einzelnen Abbildungen zu verfolgen und zu wahren. Sollte es dennoch zu unbeabsichtigten Versäumnissen gekommen sein, entschuldigen wir uns bei Fotografen, Organisationen, Architekten und Entwerfern im Voraus und würden uns freuen, die passende Anerkennung in einer folgenden Ausgabe einzusetzen.

Deutsches Institut für Stadtbaukunst

Das Deutsche Institut für Stadtbaukunst widmet sich der Erforschung und Lehre der Kunst des Städtebaus. Unter dieser Kunst wird zweierlei verstanden: Zum einen wird der künstlerische Charakter des Städtebaus betont, die ästhetisch-gestalterische Seite der Stadt, zum anderen ist damit die Kunst gemeint, im Städtebau unterschiedliche Aspekte wie soziale, ökonomische, politische, ökologische, technische und kulturelle Anforderungen in der Gestaltgebung der Stadt zusammenzubringen.

Diese Kunst, ein multidisziplinäres Verständnis der Stadt in der Stadtgestalt zusammenzuführen, ging mit den reduktionistischen Auffassungen einer funktionalistischen, soziologischen oder verkehrstechnischen Stadtplanung weitgehend verloren, prägte aber den jungen Urbanismus des frühen 20. Jahrhunderts, der dafür den Begriff der Stadtbaukunst verwendete. Daran knüpft das Deutsche Institut für Stadtbaukunst an.

Das Institut will die in den letzten Jahrzehnten auseinandergedrifteten Disziplinen Architektur, Stadtplanung, Raumplanung, Verkehrsplanung und Tiefbau wieder zusammenführen.

Das Institut ist als An-Institut an der Fakultät Architektur und Bauingenieurwesen der Technischen Universität Dortmund angesiedelt. Es wird von Univ.-Prof. Dipl.-Ing. Christoph Mäckler (Direktor) und Univ.-Prof. Dr. Wolfgang Sonne (stellvertretender Direktor) geleitet.

Publikationen des Deutschen Instituts für Stadtbaukunst

Bücher zur Stadtbaukunst
1 Walter A. Noebel (Hg.), *Oswald Mathias Ungers. Die Thematisierung der Architektur*, Sulgen 2011
2 Georg Ebbing, Christoph Mäckler (Hg.), *Der Eckgrundriss*, Sulgen 2013, 2. Auflage Sulgen 2014
3 Harald Bodenschatz, Vittorio Magnago Lampugnani, Wolfgang Sonne (Hg.), *25 Jahre Internationale Bauausstellung Berlin 1987. Ein Wendepunkt des europäischen Städtebaus*, Sulgen 2012
4 Thomas Elsaesser, Jörg Schilling, Wolfgang Sonne (Hg.), *Martin Elsaesser. Schriften*, Sulgen 2014
5 Markus Jager, Wolfgang Sonne (Hg.), *Großstadt gestalten. Stadtbaumeister in Deutschland*, Berlin 2015
6 Christoph Mäckler, Birgit Roth (Hg.), *Plätze in Deutschland 1950 und heute*, Berlin 2016
7 Markus Jager, Wolfgang Sonne (Hg.), *Großstadt gestalten. Stadtbaumeister an Rhein und Ruhr*, Berlin 2016

Konferenz zur Schönheit und Lebensfähigkeit der Stadt
1 *Zehn Grundsätze zur Stadtbaukunst*, Sulgen 2011
2 *Stadt und Handel, Stadt und Energie*, Sulgen 2012
3 *Stadt und Architektur, Stadt und Planung*, Sulgen 2013
4 *Die normale Stadt und ihre Häuser*, Sulgen 2014
5 *Stadtleben statt Wohnen*, Sulgen 2015
6 *Die Stadtmacher und ihre Ausbildung*, Berlin 2016
7 *Die Architektur der Stadt*, Berlin 2017

Dortmunder Vorträge zur Stadtbaukunst
1 Sulgen 2009, mit Vorträgen von: Robert Adam, Harald Bodenschatz, Harald Heinz, Dieter Hoffmann-Axthelm, Christoph Mäckler, Hans Stimmann
2 Sulgen 2010, mit Vorträgen von: Christoph Chorherr, Georg Franck, Hans Kollhoff, Bernd Reiff, Wolfgang Sonne, Ingemar Vollenweider
3 Sulgen 2010, mit Vorträgen von: Jörn Düwel, Klaus Groth, Vittorio Magnago Lampugnani, Michael Mehaffy, Walter Siebel, Ludger Wilde
4 *New Civic Art*, Sulgen 2014, mit Vorträgen von: Harald Bodenschatz, Ben Bolgar, Matthew Carmona, Norman Garrick, Michael Hebbert, Sergio Porta, Ombretta Romice

Diese Vortragsreihe wird seit 2015 in der Reihe *Bücher zur Stadtbaukunst* dokumentiert.

Dortmunder Architekturhefte

Hefte 18–25: Hrsg.: Christoph Mäckler

Heft 18
Dortmunder Architekturtage 2005 [No. 7]
Stadtbaukunst – Das Ensemble
Dortmund 2007

Heft 19
Dortmunder Architekturtage 2006 [No. 8]
Stadtbaukunst – Das Straßenfenster
Dortmunder Architekturausstellung No. 7
Dortmund 2007

Heft 20
Dortmunder Architekturtage 2007 [No. 9]
Stadtbaukunst – Das Dach
Dortmunder Architekturausstellung No. 8
Dortmund 2008

Heft 21
Dortmunder Architekturtage 2008 [No. 10]
Stadtbaukunst – Der Hauseingang
Dortmunder Architekturausstellung No. 9
Dortmund 2009

Heft 22
Dortmunder Architekturtage 2009 [No. 11]
Stadtbaukunst – Die Treppe
Dortmunder Architekturausstellung No. 10
Dortmund 2010

Heft 23
Dortmunder Architekturtage 2010 [No. 12]
Stadtbaukunst – Die Fassade
Dortmunder Architekturausstellung No. 12
Dortmund 2011

Heft 24
Dortmunder Architekturtage 2011 [No. 13]
Stadtbaukunst – Ornament und Detail
Dortmunder Architekturausstellung No. 13
Dortmund 2012

Heft 25
Dortmunder Architekturtage 2012 [No. 14]
Stadtbaukunst – Der städtische Hof
Dortmunder Architekturausstellung No. 14
Dortmund 2013

Heft 26
Dortmunder Architekturtage 2013 [No. 15]
Stadtbaukunst – Das Sockelgeschoss
Dortmunder Architekturausstellung No. 15
Dortmund 2014

Heft 27
Dortmunder Architekturtage 2014 [No. 16]
Stadtbaukunst – Der Stein in der Fassade
Dortmunder Architekturausstellung No. 16
Dortmund 2015

Heft 28
Dortmunder Architekturtage 2015 [No. 17]
Stadtbaukunst – Balkon – Erker – Logia
Dortmunder Architekturausstellung No. 17
Dortmund 2016

Bücher zur Stadtbaukunst

Herausgeber
Christoph Mäckler und Wolfgang Sonne
Deutsches Institut für Stadtbaukunst

Band 8

Stadtbausteine
Elemente der Architektur

Herausgeber
Christoph Mäckler
Frank Paul Fietz
Saskia Göke

Die *Deutsche Nationalbibliothek* verzeichnet diese Publikation in der *Deutschen Nationalbibliografie*; detaillierte bibliografische Daten sind im Internet über *http://dnb.d-nb.de* abrufbar.

ISBN 978-3-86922-551-7

© 2016 by *DOM publishers*, Berlin
www.dom-publishers.com

Dieses Werk ist urheberrechtlich geschützt. Jede Verwendung außerhalb der Grenzen des Urheberrechtsgesetzes ist ohne Zustimmung des Verlags unzulässig und strafbar. Dies gilt insbesondere für Vervielfältigungen, Übersetzungen, Mikroverfilmungen sowie die Einspeicherung und Verarbeitung in elektronischen Systemen. Die Nennung der Quellen und Urheber erfolgt nach bestem Wissen und Gewissen.

Korrektorat
Inka Humann

Gestaltung
Nicole Wolf

Druck
Tiger Printing (Hong Kong) Co., Ltd.
www.tigerprinting.hk